Lo que las rocas sedimentarias
nos enseñan sobre la Tierra

Miriam Coleman
Traducido por Alberto Jiménez

press

Nueva York

Published in 2016 by The Rosen Publishing Group, Inc.
29 East 21st Street, New York, NY 10010

First Edition

Editor: Sarah Machajewski
Book Design: Katelyn Heinle
Translator: Alberto Jiménez

Photo Credits: Cover kojihirano/Shutterstock.com; p. 4 Sarah Jessup/Shutterstock.com; p. 5 Wildnerdpix/Shutterstock.com; p. 6 (igneous rock) Horia Bogdan/Shutterstock.com; p. 6 (metamorphic rock) meunierd/Shutterstock.com; p. 7 crydo/ Shutterstock.com; p. 8 Dchauy/Shutterstock.com; p. 9 Jane Rix/Shutterstock.com; p. 11 De Agostini Picture Library/De Agostini/ Getty Images; p. 13 (conglomerate) sonsam/Shutterstock.com; pp. 13 (breccia), 18 Tyler Boyes/Shutterstock.com; p. 13 (sandstone) Alexlukin/Shutterstock.com; p. 13 (siltstone) Harry Taylor/Dorling Kindersley/Getty Images; p. 13 (shale) Sarah2/Shutterstock.com; p. 14 (coal) SeDmi/Shutterstock.com; p. 14 (chalk) Richard Newstead/Moment/ Getty Images; p. 15 (rock salt) LatitudeStock - Dennis Stone/Gallo Images/Getty Images; p. 15 (gypsum) BIOPHOTO ASSOCIATES/ Photo Researchers/Getty Images; p. 16 De Agostini Picture Library/De Agostini Picture Library/Getty Images; p. 17 Doug Lemke/ Shutterstock.com; p. 19 BGSmith/Shutterstock.com; p. 20 steve estvanik/Shutterstock.com; p. 21 Visuals Unlimited, Inc./ John Cornell/Visuals Unlimited/Getty Images; p. 22 Arthur Tilley/Stockbyte/Getty Images.

Library of Congress Cataloging-in-Publication Data

Coleman, Miriam, author.
Lo que las rocas sedimentarias nos enseñan sobre la Tierra / Miriam Coleman, translated by Alberto Jiménez.
    pages cm. — (Las Ciencias de la Tierra: detectives de nuestro planeta)
 Includes bibliographical references and index.
ISBN 978-1-4777-5769-7 (pbk.)
ISBN 978-1-4777-5763-5 (6 pack)
ISBN 978-1-4777-5767-3 (library binding)
1. Sedimentary rocks—Juvenile literature. 2. Earth sciences—Juvenile literature. 3. Geology—Juvenile literature. 4. Earth (Planet)—Juvenile literature. I. Title.
QE471.C654 2015
552.5—dc23

Manufactured in the United States of America

CPSIA Compliance Information: Batch #WS15PK: For Further Information contact Rosen Publishing, New York, New York at 1-800-237-9932

CONTENIDO

Los científicos son detectives. Reúnen **evidencias** y buscan pistas que los ayudan a resolver misterios. Los geólogos son científicos que estudian de qué está hecha la Tierra y cómo se formó.

Los geólogos saben que las rocas contienen muchas pistas sobre la edad de la Tierra y sus cambios a lo largo del tiempo. Las rocas nos dicen si una zona terrestre estuvo una vez bajo el agua, y también nos indican el lugar en que los glaciares atravesaron montañas o el sitio en que los **volcanes** hicieron erupción. Hasta pueden decirnos los animales que vivieron en una zona y cómo era el clima hace mucho tiempo.

¿Qué pistas contienen estas rocas acerca de la Tierra?

Estas **capas** de roca dan testimonio de una época en que ni siquiera había gente sobre la Tierra.

LOS TRES TIPOS DE ROCAS

Los geólogos clasifican las rocas en tres tipos principales: ígneas, metamórficas, y sedimentarias. Cada tipo se forma de manera distinta y proporciona diferentes pistas sobre lo que pasó por encima y por debajo de la superficie terrestre.

Las rocas ígneas se forman cuando la roca fundida del interior de la Tierra sale a la superficie, se enfría, y se endurece. Las metamórficas deben su origen a grandes **presiones** y temperaturas, porque el calor o la presión transforman los minerales que contienen. En este libro nos centraremos en las sedimentarias, las que más abundan en la superficie terrestre.

ígneas

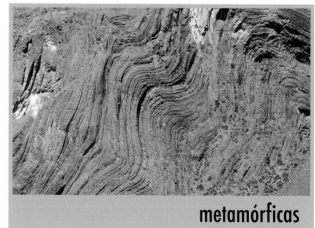

metamórficas

PARA QUE SEPAS

Las rocas se componen de minerales, una materia inanimada presente en la naturaleza. El cuarzo es un mineral presente en muchas rocas.

sedimentarias

Cada una de las tres rocas principales nos dice algo distinto sobre la Tierra. Qué hay en su interior, qué fuerzas actúan sobre ella y, en el caso de las sedimentarias, qué clase de cosas hubo una vez en su superficie.

¿QUÉ ES UNA ROCA SEDIMENTARIA?

Las rocas sedimentarias están constituidas por capas de sedimento que se depositan en una superficie y se van **comprimiendo** hasta convertirse en roca dura. Estos sedimentos consisten sobre todo en piedras, arena, barro o polvo, y a veces contienen trozos de plantas o animales. Casi toda la superficie terrestre está cubierta por sedimentos y rocas sedimentarias.

Las rocas sedimentarias son como cápsulas del tiempo, ya que cada capa se formó en un momento distinto; por eso tienen un color y un grosor específicos, y proporcionan pistas sobre lo que ocurría en la Tierra en ese momento.

Con el tiempo, cuando el agua baje, otras capas de roca quedarán **expuestas**.

Las capas de las rocas sedimentarias se llaman también estratos.

¿CÓMO SE FORMA UNA ROCA SEDIMENTARIA?

Las rocas sementarias se forman debido a la meteorización o erosión. La lluvia, el hielo, la nieve y el viento rompen las rocas, y los fragmentos acaban por convertirse en nuevas rocas. El agua en movimiento, como la de los ríos, transporta los sedimentos hasta el fondo de los lagos y los mares.

Al depositarse, o caer, los sedimentos forman capas. Con el paso del tiempo, el peso de las capas superiores provoca presión y comprime las inferiores. Cuando dicha presión expulsa el aire y el agua de las capas inferiores, en los minerales aparecen cristales que ligan los sedimentos y originan una nueva roca.

PARA QUE SEPAS

La meteorización es el desgaste o la rotura en pequeños trozos de las rocas y se debe a fenómenos atmosféricos como la lluvia, el hielo, o el viento. También se denomina erosión.

EL PROCESO DE LITIFICACIÓN

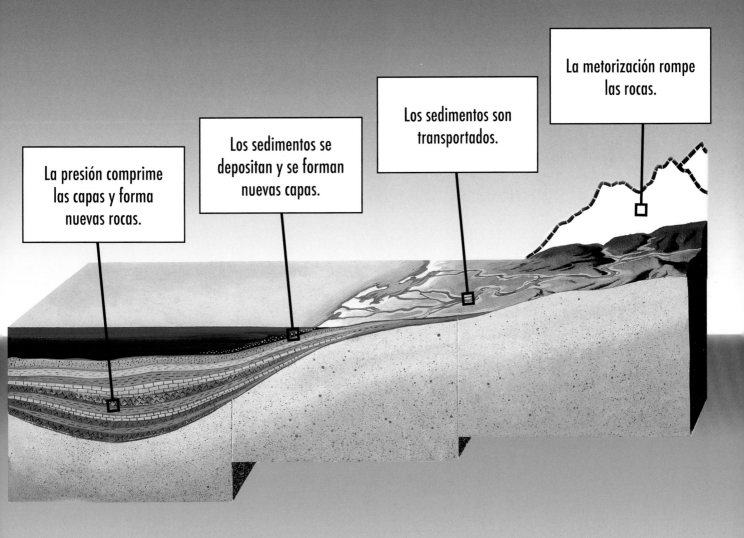

La metorización rompe las rocas.

Los sedimentos son transportados.

Los sedimentos se depositan y se forman nuevas capas.

La presión comprime las capas y forma nuevas rocas.

El proceso de conversión de sedimentos en roca se llama litificación o diágenesis y puede tomar millones de años.

ROCAS SEDIMENTARIAS CLÁSTICAS

Estas rocas provienen de los sedimentos de rocas preexistentes meteorizadas. Su tamaño y su forma son pistas que nos indican qué materia hubo en la zona donde aparecieron y qué distancia las separa de su lugar de origen.

Los pedazos de roca se hacen más pequeños y más suaves según se alejan del sitio donde se fragmentaron. Las rocas clásticas compuestas por piezas angulares de bordes afilados se llaman brechas; probablemente el sedimento que las originó no viajó muy lejos. Las rocas de piezas grandes y redondeadas se llaman conglomerados; su sedimento recorrió un largo camino.

PARA QUE SEPAS

La arenisca consta de pedazos de roca del tamaño de granos de arena. Se encuentra en los lugares en los que hubo playas o desiertos.

CONGLOMERADO
se compone de grava, guijarros, y otras piedras pequeñas y redondeadas

LUTITA
se compone de arcilla, o trocitos de roca sumamente pequeños

ROCAS SEDIMENTARIAS CLÁSTICAS

BRECHA
se compone de grava, guijarros, y piedras angulares y afiladas

LIMOLITA
se compone de limo, un tipo de arena fina

ARENISCA
se compone de arena

Estas rocas clásticas se encuentran por todo el mundo y se originan de sedimentos que pudieron proceder de cualquier parte, desde altas montañas a playas antiguas.

ROCAS SEDIMENTARIAS ORGÁNICAS Y QUÍMICAS

La palabra "orgánico" describe algo que proviene de la materia viva. Las rocas sedimentarias orgánicas proceden de plantas o animales que vivieron mucho tiempo atrás. Son ejemplos de ellas el carbón, formado por las plantas que crecían en los pantanos hace 300 millones de años, y la creta, compuesta por las placas o escamas de minúsculos animales marinos.

PARA QUE SEPAS

El yeso es un mineral que aparece tras la **evaporación** de una gran masa de agua. Al evaporarse, el agua deposita el yeso que estaba disuelto en ella.

el carbón

la creta

Las rocas sedimentarias **químicas** son producto de la **disolución** y posterior **precipitación** de diversos minerales. La sal gema, por ejemplo, se forma cuando el agua se evapora y deja los residuos de sal que se habían disuelto en el agua.

el yeso

la sal gema

Los geólogos saben que la presencia de la sal gema significa que una vez existió un lago u otro cuerpo de agua.

¿QUÉ CLASE DE ROCA ES ESTA?

Los geólogos estudian las rocas para descubrir pistas sobre su composición y su formación. La **textura** de una roca es una pista importante que proporciona muchos datos. Para estudiarla, los geólogos examinan los millones de granos que contiene la roca: su procedencia, si son de diversas rocas o minerales o son idénticos; su forma, si es redondeada y suave o angular y afilada; y su tamaño, si son todos iguales o no.

granos de roca

Los sedimentos pueden proceder de cualquier parte y de cualquier cosa, razón por la cual las capas de las rocas sedimentarias presentan tamaños y colores distintos.

LA BÚSQUEDA DE FÓSILES

Los fósiles son restos endurecidos de plantas o animales que vivieron hace mucho, y suelen encontrarse en las rocas sedimentarias.

Una criatura del pasado se convierte en fósil si los sedimentos enterraron sus restos antes de que los fenómenos meteorológicos o los animales los destruyeran. Cuando tales restos incluyen huesos, los minerales de estos son **reemplazados** por otros que los fortalecen y los hacen muy duraderos. Si la roca sedimentaria no se hubiera formado para protegerlos, no habríamos conocido ciertos animales ni ciertas plantas muy antiguos.

roca sedimentaria que muestra el fósil de una hoja

PARA QUE SEPAS

Las almejas, el coral, los peces, y los insectos son algunos ejemplos de los fósiles que se encuentran a menudo en las rocas sedimentarias.

Los geólogos estudian las capas rocosas para averiguar cuándo vivieron las plantas o los animales enterrados en ellas. ¡Es una de las maneras en que podemos usar las rocas sedimentarias para conocer el pasado de la Tierra!

ONDAS Y CAPAS

Aunque los geólogos examinan hasta las piezas más diminutas de las rocas sedimentarias, no por ello dejan de observar el conjunto. Las rocas grandes tienen marcas y dibujos que nos indican cómo se formaron. En las que se ven rayas de diferentes colores y tamaños, las rayas inferiores son las más antiguas y las superiores las más recientes.

A veces presentan capas inclinadas hacia arriba o hacia abajo en lugar de capas horizontales; esto se denomina estratificación cruzada y es señal de que el agua o el viento acarrearon una vez el sedimento en direcciones distintas.

En esta roca sedimentaria vemos unas formaciones que parecen olas.
Al fijarnos en el dibujo, podemos imaginar el agua que una vez corrió sobre ella.

LAS PISTAS QUE NOS RODEAN

Hay rocas sedimentarias por todas partes, y todas, desde las que originaron las vistosas franjas del Gran Cañón del Colorado al guijarro clástico de un río, reflejan una historia de la Tierra que se remonta a millones de años.

Si sabemos leer las pistas de estas rocas—cómo se formaron y de qué se componen—aprenderemos mucho sobre el origen de nuestro planeta. La próxima vez que encuentres una piedra en el suelo, mírala bien. ¿Qué te cuenta del mundo en el que vives?

GLOSARIO

capa: Zona superpuesta a otra u otras, con las que forma un todo.

comprimir: Apretar algo para hacerlo más denso, menos poroso.

disolver: Mezclar de forma homogénea con un líquido.

evaporar: Convertir en vapor un líquido.

evidencia: Hecho, señal, o información que demuestra la veracidad de algo.

exponer: Dejar algo de manifiesto.

precipitar: Provocar que un compuesto disuelto, como un mineral, se deposite en forma sólida.

presión: Fuerza ejercida por un cuerpo sobre otro.

reemplazar: Sustituir por otra cosa.

sustancia química: Compuesto capaz de combinarse con otros para originar cambios.

textura: En geología, tamaño de los cristales de un mineral o los granos de una roca.

volcán: Abertura en la superficie terrestre por la que a veces sale roca líquida, muy caliente.

ÍNDICE

SITIOS DE INTERNET

Debido a que los enlaces de Internet cambian a menudo, PowerKids Press ha creado una lista de los sitios Internet que tratan sobre el tema de este libro. Este sitio se actualiza con regularidad. Por favor, usa este enlace para ver la lista: www.powerkidslinks.com/det/sedi